BEI GRIN MACHT SICH IHR WISSEN BEZAHLT

- Wir veröffentlichen Ihre Hausarbeit, Bachelor- und Masterarbeit

- Ihr eigenes eBook und Buch - weltweit in allen wichtigen Shops

- Verdienen Sie an jedem Verkauf

Jetzt bei www.GRIN.com hochladen und kostenlos publizieren

Gebhard Deissler

Religion und Interkulturalität

GRIN Verlag

Bibliografische Information der Deutschen Nationalbibliothek:

Die Deutsche Bibliothek verzeichnet diese Publikation in der Deutschen National-
bibliografie; detaillierte bibliografische Daten sind im Internet über http://dnb.d-
nb.de/ abrufbar.

Dieses Werk sowie alle darin enthaltenen einzelnen Beiträge und Abbildungen
sind urheberrechtlich geschützt. Jede Verwertung, die nicht ausdrücklich vom
Urheberrechtsschutz zugelassen ist, bedarf der vorherigen Zustimmung des Verla-
ges. Das gilt insbesondere für Vervielfältigungen, Bearbeitungen, Übersetzungen,
Mikroverfilmungen, Auswertungen durch Datenbanken und für die Einspeicherung
und Verarbeitung in elektronische Systeme. Alle Rechte, auch die des auszugsweisen
Nachdrucks, der fotomechanischen Wiedergabe (einschließlich Mikrokopie) sowie
der Auswertung durch Datenbanken oder ähnliche Einrichtungen, vorbehalten.

Impressum:

Copyright © 2012 GRIN Verlag GmbH
Druck und Bindung: Books on Demand GmbH, Norderstedt Germany
ISBN: 978-3-656-56671-7

Dieses Buch bei GRIN:

http://www.grin.com/de/e-book/203896/religion-und-interkulturalitaet

Transcultural Management

Gebhard Deißler D.E.A./UNIV. PARIS I

Religion und Interkulturalität

CULTURE   RESEARCH

KULTUR FORSCHUNG

RECHERCHE CULTURE

BÚSQUEDA CULTURAL

RICERCA   CULTURALE

跨文化的智慧精髓

Uтранскультурная

Interkulturelles- u. Transkulturelles Management (German)

Intercultural &Transcultural Management (English)

Gestion Interculturelle et Gestion Transculturelle (French)

Gerencia Intercultural y Gerencia Transcultural (Spanish)

Gerência Intercultural e Gerência Transcultural (Portuguese)

跨文化的智慧精髓 - kua wen hua de zhi hui jing sui (Chinese)

транскультурная компетенция - transkulturnaja
kompetencija (Russian)

toransukaruchā　・manējimento (Japanese)
トランスカルチャー　・　マネジメント

Vishua Chaytana (Sanskrit)

ZAKAA AL-TA'ALOF AL-THAQAFEE

Religion und Interkulturalität

Für herkömmliche Spezialisten beider Disziplinen sind die beiden Themenbereiche Kultur und Religion zwei Paar Stiefel die, wenn überhaupt, dann nur am Rande etwas miteinander zu tun haben. Und dennoch wird es sich im Verlauf dieser Erörterung herausstellen, dass beider Betrachtung und Integration erforderlich ist, damit der Mensch als kulturelles Wesen sich gesellschaftlich angemessen bewegen kann, ohne eine Hypothek für die menschliche Kultur und Zivilisation zu werden. Vielleicht liegt eben in dieser Trennung, ja selbst dem jeweiligen gegenseitigen Ausschließlichkeitsanspruch der rational-analytischen Kultur, das Crux, das kulturelle Probleme und Prozesse im Laufe der Menschheitsgeschichte unbeherrschbar gemacht hat und all die Holocausts und gesellschaftlichen, nationalen, wie internationalen Katastrophen bedingt hat und dies weiterhin tun wird, solange die natürlich und sachlich und daher auch in Forschungshinsicht interdependenten Bereiche nicht in ihren eigentlichen kausalen Bezug zueinander gestellt werden. Dann werden sie erklärbar und managebar.

Vielmehr scheint es, dass Wissenschaft und Religion sich gegenseitig ebenso ergänzend zueinander verhalten, wie die beiden interdependenten Räder einer Achse, die wohl synchronisiert sein wollen, wenn das Gefährt, vom der antiken Karre und Streitwagen bis hin zum Marsmodul seinen Zweck erfüllen soll. Sie sind komplementär und die beiden Bereiche sind ebenso untrennbar in soziokultureller

Hinsicht. Beide haben das Ziel, der Wahrheit der Schöpfung näher zu kommen und verwenden dabei lediglich verschiedene Sprachen. Erstere verwendet eine auf der Offenbarung basierende normative Sprache, die eher synthetischer Natur ist und durch Ge- und Verbote zum Ausdruck kommt. Sie appelliert zwar an den Glauben, aber eigentlich an eine höhere Form integraler Intelligenz, während die Wissenschaft mit ihren analytischen Methoden, seien es die Geistes, Sozial oder die Naturwissenschaften, an die analytische Intelligenz appelliert. Die analytische und die synthetische Intelligenz ergeben zusammen eine ausgewogene menschliche Erkenntnis. Glaube und Vernunft können sich daher, sofern sie eine authentische Suche nach der Erkenntnis der Wahrheit sind, nicht widersprechen. Das Insistieren des gegenwärtigen Papstes auf der gegenseitigen Nichtausschließbarkeit der beiden Perspektiven der Erkenntnis ist daher verständlich, insbesondere unter dem Blickwinkel der epochalen wissenschaftlich-technischen Zivilisation des Wissens- und Informationszeitalters.

Verwendet man die beiden antagonistisch zueinander, so zeugt das auch von der Nichtinformiertheit über die modernsten harten wissenschaftlichen Paradigmen, die auf Grund ihrer Sophistikation selbst ein Jahrhundert nach ihrer Entdeckung immer noch weitgehend unbekannt oder in ihrer Tragweite als Leadparadigmen noch nicht voll erkannt zu sein scheinen. Doch auch hier werden Dinge aufgrund der vorherrschenden kartesianischen Kultur nicht in ihren rechten Bezug zueinander gesetzt, wenn auch nur als Forschungshypothese. Die Werte unserer Kultur und Zivilisation haben ihre Repräsentanten in Forschung, Politik und Gesellschaft fest im Griff.

Das metaphorische Verständnis des Komplementaritätsprinzips beispielsweise lässt sich dahingehend interpretieren, dass komplementäre Erkenntnisse für das Verständnis von Materie und Energie, also der Natur der Schöpfung erforderlich sind, um sie tiefer zu verstehen und besser zu verwalten („Macht euch die Erde untertan!") Die Wissenschaft verkörpert gewissermaßen den statischeren

Teilchenaspekt des Komplementaritätsprinzips, während die Religion den diese ergänzenden Wellenaspekt verkörpert, könnte man sagen. Eine statischere Partikeloptik und eine dynamischere Wellenoptik ergänzen sich zu einem ganzheitlicheren Bild der Schöpfung und gestatten dem Menschen, diese besser, gemäß dem Auftrag in Genesis nutzbar zu machen und aufgrund des tieferen Verständnisses ihrer Natur diese Erkenntnis auch zu berücksichtigen und im Sinne einer daher plausiblen, existenten Schöpfungsordnung recht einzuordnen und somit eine rationale Basis für den unabdingbaren Respekt der Ordnung des Lebens in den diversen Bereichen der Schöpfung zu schaffen. Deren Bewusstwerdung und Erhaltung sind schließlich mit dem Überleben des Menschen auf dem Planeten aufs engste verknüpft.

Wie sehr das Überleben des Menschen von der Schöpfungsordnung und ihrem Respekt und entsprechenden Management abhängig ist, bekommen wir täglich vor Augen geführt. Ende Oktober, während ich schreibe, wird beispielsweise die führende technisch-wissenschaftliche Nation des Planenden vom Pazifik her von einem, wenn auch geringeren Tsunami und vom Atlantik her von einem – laut Meteorologen - gewaltigen Sturm bedroht. Des Menschen Existenz in der Schöpfungsordnung insgesamt ist prekär und größere Abweichungen von der sie charakterisierenden Ordnung haben schicksalhaften Charakter für das Leben des Menschen.

Und die Schöpfungsordnung im soziokulturellen Bereich ist von einer ähnlich unumstößlichen Ordnung geprägt, deren Respekt es dem Menschen gestattet, als diverse Menschheit in Frieden zu leben.

Betrachten wir nun unter dem Blickwinkel der Komplementarität die Religion und die Sozialwissenschaften, insbesondere die Sozial- oder Kulturantrhopologie mit ihrem interkulturellen Forschungsbereich. Beide sind Regulierungssysteme, insbesondere der Beziehungen der Menschen untereinander, zur Umwelt, zu sich selbst wie auch zum Schöpfer der Ordnung der Dinge der Natur als solcher, jedoch einerseits auf einer ethisch-spirituellen Ebene zeitranszendierender Erkenntnis und auf einer mentalen Ebene in Kategorien der analytischen Erkenntnis und Sprache andererseits formuliert. Letztere übersetzt die transzendente Erkenntnis in linear-analytische Begriffe einer untergeordneten Ebene der Erkenntnis, wenn wann von einer geistig-psycho-somatischen, ganzheitlichen hierarchisierten Struktur des Menschen ausgeht, wie es eine neurophysiologisch-psychologische Analogie nahezulegen scheint. Demzufolge wären beide Ebenen der Erkenntnis, die religiöse und die kulturelle, eine über- und eine untergeordnete Ebene in der geistig-körperlichen, hierarchisierten menschlichen Ordnung und Teil der Schöpfungsordnung insgesamt. Die beiden Bereiche der Erkenntnis sind also dazu da, die Beziehungen des Menschen zu ordnen, denn das Relationale ist ein Kennzeichen der diversen Bereiche der Schöpfung. Mit ihm steht und fällt diese Ordnung und der Dekalog ist daher eine normative Formulierung der Schöpfungsordnung, die wir, so könnte man sagen, in der Zeit wissenschaftlich validieren müssen und diese insbesondere über die Sozialwissenschaften in deren Terminologie Übersetzen müssen.

Das dreifache Gebot der Gottesliebe, der Selbst und Nächstenliebe, woran laut Offenbarung das ganze Gesetz und die Propheten hängen, schützt die Schöpfungsordnung einschließlich der menschlichen Ordnung, deren vornehmlicher Bestandteil letztere ist. Für jemand mit spirituellem Charisma ist dies die Quintessenz, die alle Beziehungsprobleme von einer höheren Warte her klärt. Sie ist Karte und Kompass des Lebens. Und wer auf der religiösen Ebene sensibel und authentisch ist, kann mit dieser umfassenden Erkenntnis höchster Offenbarung und Ordnung die relationalen Bereiche des Lebens entsprechend der Ordnung der Schöpfdung leben und die diesbezüglichen Herausforderungen meistern .Doch dies ist ein hoher Anspruch und erfordert Glauben und Vertrauen auf die Wahrheit dieser Offenbarung. Indes sie wurde von zahllosen Menschen über die Jahrtausende validiert, während die Wissenschaften jung und einem permanenten Paradigmawandel gehorchen und somit keine unumstößlichen Wahrheiten sind.

- Ein neues subatomares Partikel, wie das Hix Teilchen oder eine neue genetische oder kosmologische Erkenntnis, die bislang, ebenso, wie die religiöse Erkenntnis, aus ausgeklammert waren, können das Weltbild augenblicklich grundlegend auf den Kopf stellen, ebenso wie das Newtonsche Weltbild von der Quantenphysik abgelöst wurde, auf deren Paradigmen oben Bezug genommen wurde und auf die wir hier erneut Bezug nehmen und auf deren Basis wir unter metaphorischer Anlehnung an die Heisenbergsche Unschärferelation feststellen dürfen, dass die komplementäre, simultane Wahrnehmung von Realitäten, wie die Position und der Impuls eines subatomaren Teilchens sich zwar in der Physik, aber nicht zwangsläufig im Bewusstsein ausschließt. Indes, obschon die rationalistische interkulturelle Forschung die ethisch-religiöse Ebene aufgrund ihrer Untergeordnetheit in der psychologischen hierarchisierten menschlichen Struktur die diese transzendierende religiöse Ebene nur schwer zu fassen vermag, kann das menschliche Bewusstsein dennoch, im Gegensatz zu den Instrumenten der Physik, beide Realitäten erfassen und umfassen. Dies gilt für das Bohrsche und das Heisenbergsche Prinzip und ihre metaphorischen Transpositionen gleichermaßen. -

Betrachtet man die Rechts- und Sozialsysteme oder auch die moderne Kulturforschung oder Bereiche der Wissenschaften, so erkennt man, dass sie versuchen, die spirituelle Erkenntnis in ihre Bereiche mit ihrer Sprache und Normen zu übersetzen.

Die interkulturelle Forschung formuliert insbesondere die kulturellen Eigenschaften und Profile diverser Menschengruppen, um diesen Bereich der Schöpfungsordnung besser zu verstehen und somit die Beziehungen der Menschen untereinander besser zu verwalten. Es ist ein analytischer Ansatz des ethischen Imperativs der Nächstenliebe und nicht unmittelbar und direkt, sondern eben eher linear, analytisch und sequenziell in der interkulturellen Sprache formuliert.

Zwei Ebenen der Erkenntnis des zentralen Beziehungsbereiches des Menschlichen stehen einander gegenüber und erfordern, unter den Maßgaben des Komplementaritätsprinzips, dass man ihre komplementären Perspektiven, Sprachen und Modalitäten der Erkenntnis synergetisch verwendet, um den Beziehungsbereich des Menschlichen umfassender und effektiver zu verstehen und handlungsorientiert in Bezug zur Schöpfungs- und menschlichen Ordnung zu nutzen.

Wo der Mensch das Fremde als bedrohend einordnet, spricht der Interkulturalist von kultureller Relativität und Diversitätsmanagement, während die Religion, jenseits der zeitaufwendigen Analyse, vermittels der transzendenten Erkenntnis des einen schöpfungskonformen Weges, die Nächsten-, ja sogar der Feindesliebe zugrunde legt, die die Begegnung mit dem häufig als feindlich eingeordneten Fremden regulieren soll. Die Integration der analytischen und der synthetischen Erkenntnis, die wir auch als inter- und transkulturelle Erkenntnis betrachten können, sind in ihrer Synergie effektiver, um die Beziehungsherausforderungen des gesellschaftlichen menschlichen Lebens, insbesondere in seiner heute durch die Globalisierung akzentuierten Diversität, zu bewältigen.

Zwei Sprachen zur Beschreibung desselben Sachverhalts sind informativer. Beide zusammen erschließen und involvieren einen größeren Bereich des Menschen und können somit den Menschen umfassender leiten. Eine ethische Interkulturalität ist daher, basierend auf der Quantenmetapher unabdingbar, insbesondere für mental-analytisch unbeherrschbar und antagonistisch erscheinende Szenarien des Diversitätsmanagements. In der Tat die komplementäre Diversitäts- und rechte Beziehungserkenntnis kann jeden Antagonismus in eine weniger bedrohliche Komplementarität verwandeln. Sie ist ein Geheimnis des Interkulturellen, das es gestattet, den menschlichen Beziehungsbereich nachhaltig und friedenstiftend zu verwalten. Dies ist möglich, wenn die kartesianisch basierte wissenschaftskulturelle Fragmentierung endet.

Der Frieden, indes, ist zweierlei Art, jener der Menschen, der unvollkommen und reversibel ist, da er dem Zeitlichens menschlicher Konstruktionen entstammt und jener der überzeitlich dem transzendenten und dem Schöpfer entstammt und somit wie er irreversibel ist und mehr Realität hat, als die menschlichen Friedenskonstruktionen inklusive der Rekonziliation, Synergie, Friedens- und Kooperationsbekenntnissen, Partnerschaften und Freundschaften. Ersterer ist dualistisch und polarisiert mit seinem Gegensatz, solange er den menschlichen nicht übersteigt und des transzendenten Friedens teilhaftig werden kann. Jener transzendente Frieden entstammt einer tieferen Quelle, deren Ursprung der Friede schlechthin ist, ohne den die Schöpfungsordnung nicht bestehen kann, da sie sonst auch reversibler wäre und die Schöpfung enden würde.

Der Friede ist nicht umsonst eines der kostbarsten Güter und Panaceen des relational gedachten Menschen, der also ein Beziehungswesen ist. Dieser hohe Wert des Friedens ist so kostbar, dass der Friedfertige, laut Offenbarung in der Bibel, als selig erachtet wird und dass ihm das Himmelreich gehört. („Meinen Frieden gebe ich euch, nicht wie die Welt in gibt…" und „Selig die Friedfertigen, denn ihrer ist das Himmelreich". Nach dem Wert des Lebens an sich rangiert dieses Gut sehr hoch und ist ein Attribut der Transzendenz ja selbst des Göttlichen, das durch seinen Widersacher, den Teufel natürlich negiert wird, was es dem Menschen schwierig macht, ihn - den Frieden - zu verwirklichen, was aber dennoch interkulturell, zusätzlich zum Diversitätsmanagement unter dem Komplementaritätsgesichtspunkt erforderlich ist und des Menschen ethische Aufgabe und aktiver Ausdruck und Manifestation der Liebe ist.

Die Interkulturalität hat aufgrund ihres starken Bezuges zum Frieden und ihr inhärentes; durch die mentalen Konstruktionen des Interkulturellen bedingten Konfliktpotential auch eine eschatologische Dimension, deren Ausblendung nur nichtnachhaltige interkulturelle Beziehungen mit sich bringt. Wenn die mentale Friedenskonstruktion nicht in eine transzendente eigebettet wird, besteht der

Kulturkampf unablässig fort, auch bei anderweitig hoher interkultureller Kompetenz und diesbezüglicher intellektueller Sophistikation. Der Rapport ist eine Komponente der interkulturellen-religiösen Komplementarität und des hier thematisierten Leitmotivs. Letztlich ist das Interkulturelle und das Religiöse mit zwei komplementären Friedensstrategien auf unterschiedlichen Ebenen der Natur des Menschen befasst. Die immanente Friedensarbeit kann nur gekrönt von dem transzendenten Geschenk des Friedens von Dauer sein. Es liegt im Bereich der ethischen Anstrengung, die beiden zu suchen und zu verwirklichen. Die Bibel fordert dazu auf, den Frieden nicht nur zu suchen, sondern ihm darüber hinaus – in der deutschen Übersetzung - nachzujagen. Es ist damit wohl eine unablässige praktische Anstrengung und Bemühung gemeint, das Ziel des hohen Wertes, des interkulturellen Wertes der Werte und der Finalität aller kulturellen Diversität schlechthin zu erreichen.

Für die analytischen Bedürfnisse des legitimen und erforderlichen menschlichen Intellekts kann letzterer forschungsbasiert genau spezifizieren, warum das Fremde als bedrohlich erscheint. Die Erarbeitung möglichst exakter deskriptiver kultureller Wertepräferenzen mit deren Einstellungs- und Verhaltensmuster kann im Einzelnen erklären, warum fremde Verhaltensmuster antagonistisch erscheinen.

Während die komplementäre synthetische, transzendente Beziehungserkenntnis das Fremde in die Menschheitsfamilie mit gleichem Status, eingedenk seiner antagonistisch anmutenden Diversität, einschließt und dies bereits im Vorfeld der Begegnung mit dem Fremden, muss die mental-analytische Fremdheitserkenntnis erst die persönlichen und kulturellen Konvergenzen und Divergenzen in eine intellektuell verbindliche und emotional plausible Sprache fassen, soweit eine dafür entwickelt wurde und in deren Abwesenheit eine dafür entwickeln, wie beispielsweise die Aggregatmodelle mit ihrer dimensionalen Logik und Sprache für die Unterscheidung der Kulturen, bekannt unter der empirischen interkulturellen Forschung. Wenn nun die vermeintlichen Ursachen der kulturellen Antagonismen geklärt sind, ist aber der Bewältigung aber noch nicht geklärt. Man spricht von kultureller Dilemmalösung, die versucht antagonistische Positionen und kulturelle Wertepräferenzen im Wege der Rekonziliation und der Synergiegewinnung vom Antagonismus in die Komplementarität zu überführen. Und das Optimum der maximalen Synergie ist nach einem langwierigen, linear analytischen und/oder auch kreativen Prozess nur das was der Ethiker von Anfang unter der Weisheit der umfassenden Synergie der Schöpfungsordnung, zumindest implizit, zu hoffen wagt. Sie und ihre Modalitäten sind der eine Weg, den es trotz konträrer Sachlage zu respektieren gilt.

Sowohl die Diversität der Erkenntnismethodologien, als auch die antagonistisch anmutende Diversität der Realität, inklusive der kulturellen, können durch eine komplementäre transzendente-immanente Erkenntnis von ihren scheinbaren Widersprüchen befreit werden. Wird ein Aspekt ignoriert, so ist die gesamte Achse der Erkenntnis nicht tragfähig. Ihr komplementäres Zusammenspiel vermag es, die Herausforderungen unserer Ära besser zu navigieren. Solange die Interkulturalität und das Relationale nicht vom Geist des Friedens beseelt werden kann es keinen kulturellen Frieden geben, weder intra- noch interpersonell, noch intra- noch interkulturell noch weltweit. Daran hängt letztendlich die Nachhaltigkeit allen interkulturellen und Beziehungsmanagements schlechthin. Das differenzierende interkulturelle Denken kann nur durch die bewehrte Friedfertigkeit, deren Schutzschild im transzendenten gründet, integrativ gesteuert werden und den Kampf der Kulturen, der die Menschheitsgeschichte charakterisiert, beenden.